PAIDEIA
ÉDUCATION

MIXTE
Papier issu de sources responsables
Paper from responsible sources
FSC® C105338

MARCEL PAGNOL

# La Gloire de mon père

*Analyse littéraire*

Paideia éducation

© Paideia éducation.

1 rue Honoré - 93500 Pantin.

ISBN 978-2-7593-1596-3

Dépôt légal : Novembre 2022

*Impression Books on Demand GmbH*

*In de Tarpen 42*

*22848 Norderstedt, Allemagne*

# SOMMAIRE

- Biographie de Marcel Pagnol.......................................... 9

- Présentation de *La Gloire de mon père*..................... 13

- Résumé du roman............................................................ 17

- Les raisons du succès.................................................... 31

- Les thèmes principaux................................................... 35

- Étude du mouvement littéraire..................................... 41

- Dans la même collection............................................... 45

# BIOGRAPHIE DE MARCEL PAGNOL

Marcel Pagnol, né le 28 février 1895 à Aubagne, est une figure centrale de la littérature et du cinéma français du XXe siècle. Issu d'une famille d'instituteurs, son père, Joseph Pagnol, républicain convaincu, et sa mère, Augustine, d'une santé fragile, impriment dans le cœur du jeune Marcel un amour profond pour la Provence, qui deviendra le théâtre vivant de son œuvre.

L'enfance de Pagnol est marquée par des déménagements au gré des affectations de son père, mais c'est à Marseille et dans la campagne provençale qu'il puise son inspiration. Dès son plus jeune âge, il révèle un talent précoce pour la lecture et l'écriture, fasciné par les mots et les histoires. Sa scolarité au lycée Thiers de Marseille est brillante, malgré la perte dévastatrice de sa mère à l'âge de 15 ans, un événement qui l'affectera profondément.

Après ses études, Marcel Pagnol s'oriente vers l'enseignement de l'anglais, mais son aspiration à la création littéraire le pousse rapidement vers la scène parisienne. Son entrée dans le monde du théâtre se fait avec des pièces telles que *Jazz* et surtout *Topaze* en 1928, qui remporte un succès fulgurant. C'est le début d'une longue carrière qui le verra osciller entre théâtre et cinéma.

La trilogie marseillaise - *Marius*, *Fanny* et *César* - écrite pour la scène avant d'être adaptée pour l'écran, marque un tournant dans sa carrière, lui permettant d'explorer les possibilités narratives du cinéma parlant. Son passage derrière la caméra débute avec des adaptations cinématographiques de ses propres œuvres, affirmant sa vision d'un cinéma à la fois populaire et de qualité.

La seconde guerre mondiale oriente Pagnol vers le roman, avec des œuvres majeures telles que *La Gloire de mon père* et *Le Château de ma mère*, des autobiographies romancées célébrant son enfance en Provence. Ces récits, empreints de nostalgie et de tendresse, rencontrent un succès retentissant et contribuent à forger le mythe Pagnol, écrivain du terroir et conteur hors pair.

Son élection à l'Académie française en 1946, à l'âge de cinquante et un ans, vient couronner une carrière jalonnée de succès. Cet honneur ne l'éloigne pas pour autant de ses racines provençales, qu'il continue d'explorer dans ses écrits.

La vie personnelle de Pagnol est également marquée par des rencontres significatives, notamment avec les femmes de sa vie et ses enfants, nés d'unions différentes. Ces relations intimes influencent son œuvre, où les thèmes de la famille, de l'amour et de la perte sont récurrents.

Marcel Pagnol s'éteint le 18 avril 1974 à Paris, laissant derrière lui un héritage culturel immense. Sa capacité à peindre avec mots et images la Provence, ses gens, ses traditions et ses paysages, fait de lui un monument de la culture française. Son œuvre, traversée par la lumière du Sud, la chaleur humaine et une profonde humanité, continue de résonner bien au-delà des frontières de sa chère Provence, touchant le cœur de lecteurs et de spectateurs dans le monde entier.

# PRÉSENTATION DE
LA GLOIRE DE MON PÈRE

*La Gloire de mon père*, chef-d'œuvre autobiographique de Marcel Pagnol publié pour la première fois chez Pastorelly en 1957, plonge le lecteur dans le récit enchanteur de l'enfance provençale de l'auteur, débutant à la fin du XIXe siècle. Ce livre, premier tome des *Souvenirs d'enfance*, se déploie à travers une série d'anecdotes vibrantes et colorées, capturant l'essence d'une époque révolue avec une tendresse et une précision remarquables.

Le récit, conduit à la première personne du singulier, s'ouvre sur la naissance de Marcel, introduisant d'emblée le lecteur au contexte familial et social qui bercera son enfance. À travers des chapitres qui se succèdent tels des tableaux vivants, Pagnol tisse le fil de ses premières années, marquées par l'amour inconditionnel pour son père, instituteur passionné, et sa mère, figure tendre et aimante. Le décor de ces récits est la Provence, personnage à part entière, dont les collines, les sentiers et les villages pittoresques sont peints avec une vivacité et une chaleur qui emportent le lecteur.

Le cœur du livre bat au rythme des vacances d'été à la campagne, moments de liberté et d'aventures pour le jeune Marcel et sa famille. L'auteur excelle à décrire ces journées ensoleillées avec une poésie du quotidien, où la chasse aux bartavelles avec son père devient une quête épique, symbole de la transition de l'enfance vers une maturité naissante. Chaque anecdote, qu'elle soit joyeuse, tendre ou mélancolique, est un fil d'Ariane qui guide le lecteur à travers les méandres de la mémoire de Pagnol, entre réalité et embellissement poétique.

Le texte, tout en étant ancré dans le réel par ses descriptions minutieuses de la nature et des coutumes provençales, est traversé par une veine humoristique et une légèreté qui en font un récit universel sur l'enfance. Pagnol manipule la langue avec une maîtrise qui permet à la prose de danser, de chanter, faisant de chaque page un plaisir de lecture inégalé. Les dialogues, savoureux, regorgent d'esprit et de verve, capturant l'âme provençale avec une authenticité et une affection palpables.

Ce qui distingue profondément *La Gloire de mon père*, au-delà de son immersion dans un temps et un lieu, c'est la capacité de Pagnol à évoquer les émotions universelles de l'enfance : l'émerveillement devant la beauté du monde, la découverte de soi à travers les autres, et la quête infinie de la gloire paternelle. Le récit, bien qu'ancré dans les souvenirs personnels de l'auteur, résonne avec l'expérience commune de grandir, d'aimer et de rêver.

# RÉSUMÉ DU ROMAN

*La Gloire de mon père* est le premier tome des *Souvenirs d'enfance* de Marcel Pagnol. Le livre n'est pas divisé en chapitres mais en sections. Afin de permettre au lecteur de cette fiche de s'y retrouver plus aisément, chaque section est numérotée.

1

*La Gloire de mon père* débute par l'évocation de la naissance de Marcel Pagnol à Aubagne, sous le Garlaban, symbole de son attachement à la Provence. Il retrace l'histoire de sa famille, originaire d'Espagne, et leur métamorphose de forgerons en artificiers, puis en cartonniers, illustrant une quête de sagesse et de sécurité à travers les générations. Son grand-père, tailleur de pierres, et son père, instituteur, sont présentés comme des figures clés de son enfance, marquant le début d'une éducation qui valorise le savoir et l'anticléricalisme.

2

Le narrateur explore la formation des instituteurs à l'École normale. Les normaliens étaient formés pour combattre l'ignorance, l'alcoolisme, et promouvoir la laïcité. Issus de milieux modestes, leur mission était d'éduquer et d'inculquer les valeurs républicaines. Leur carrière évoluait des villages isolés vers les grandes villes, marquée par un dévouement total à l'éducation plutôt que par la recherche de bénéfices personnels. Leur vie austère et leur engagement inébranlable reflétaient une approche quasi missionnaire, visant l'amélioration de la société.

3

L'arrivée du père de Marcel Pagnol, Joseph, à Aubagne, une ville où il exercera son métier d'instituteur, est narrée. Joseph rencontre Augustine, une jeune couturière, qu'il épouse rapidement. L'anxiété d'Augustine face à sa première grossesse est décrite avec humour et tendresse, jusqu'à son accouchement précipité qui force un retour hâtif à Aubagne alors qu'elle faisait un séjour à La Ciotat, chez sa belle-soeur.

4

Le narrateur a peu de souvenirs de son enfance à Aubagne où il a passé trois années. Il se souvient malgré tout de la fontaine dédiée à l'abbé Barthélémy sur le Cours et des jeux aériens avec l'oncle Henri. De plus, il nous apprend ne pas avoir connu son grand-père Guillaume Lansot, mort jeune à Rio de Janeiro. Les soirs, l'imaginaire s'anime autour de ce grand-père aventurier.

5

La famille déménage à Saint-Loup, à proximité de Marseille. L'observation des bouchers depuis chez lui marque l'enfance du narrateur. Fasciné, il est également introduit à l'apprentissage précoce de la lecture dans la classe de son père. Cet apprentissage suscite fierté chez le père et inquiétude chez la mère, craignant pour la santé mentale de son fils. En conséquence, l'accès à l'éducation formelle lui est restreint jusqu'à six ans.

6

La nomination du père de Marcel à l'école du chemin des Chartreux à Marseille marque une avancée significative dans sa carrière. Cette école, perçue comme prestigieuse, ouvre des perspectives d'avancement pour ses enseignants. La famille, fière et heureuse, s'adapte à cette nouvelle vie, entre le travail de la mère à la machine à coudre et les jeux solitaires du petit frère Paul.

7

Le narrateur, à six ans, va à l'école et passe ses jours de repos au parc Borély avec sa tante Rose, où ils rencontrent un monsieur qui se révèle être le propriétaire du parc. Après des mois de visites et d'activités offertes à Marcel, ce monsieur se présente chez eux en tant que l'oncle Jules, ayant épousé tante Rose.

8

L'oncle Jules, qui s'appelle en réalité Thomas, est un ami proche de la famille et un intellectuel originaire du Roussillon. Malgré leurs différences, notamment religieuses, l'amitié entre lui et le père de Marcel reste solide. L'oncle Jules récompense le narrateur pour ses réussites scolaires. Néanmoins, il découvre que l'oncle Jules n'est pas le propriétaire du parc Borély, ce qui l'amène à réaliser que les adultes peuvent aussi mentir. La famille déménage ensuite dans une grande maison avec un jardin.

9

Après deux années marquées par des apprentissages scolaires variés et l'arrivée d'une petite sœur dans sa propre famille, le narrateur se trouve confronté à un nouveau changement familial : la naissance d'un enfant chez sa tante Rose. Cet événement provoque une grande anticipation chez le narrateur, qui, influencé par les discussions adultes sur les « bébés de vieux », s'attend à rencontrer un bébé aux caractéristiques inhabituelles. À l'arrivée chez sa tante, Marcel découvre que le bébé est en fait un nourrisson tout à fait normal, sans les signes de vieillesse qu'il avait imaginées.

10

Le récit raconte une journée de préparation pour les vacances d'été. Le matin, le narrateur simule sa routine de toilette pour convaincre ses parents qu'il s'est lavé. Son père annonce ensuite la location d'une villa pour l'été, située loin dans la colline, et prévoit une visite chez un brocanteur pour l'équiper à moindre coût. Le narrateur et son père partent avec une charrette à bras empruntée pour leur aventure d'achat de meubles, sous le regard inquiet mais amusé de la mère.

11

Le narrateur et son père visitent le brocanteur, personnage pittoresque et rusé. Ils réussissent à négocier un assortiment de meubles et d'objets. Malgré le scepticisme de la mère, ils ramènent leurs trouvailles et se préparent à les restaurer, avec l'aide joyeuse du frère cadet, Paul, illustrant l'esprit d'entreprise et l'harmonie familiale.

12

Le narrateur et son père, après l'école, s'arrêtent fréquemment chez le brocanteur pour acheter des fournitures pour leurs projets de bricolage à la maison. Transformant des trouvailles improbables en meubles utiles, ils rénovent notamment des chaises et une commode avec l'aide de la mère. Ces activités valorisent leur travail manuel et l'ingéniosité dans l'utilisation d'outils simples, le tout éclairé par une lampe à pétrole efficace mais odorante.

13

La famille continue de préparer son mobilier de vacances avec l'aide de l'oncle Jules et du brocanteur. Tous admirent les meubles rénovés, qualifiés de « rustique provençal ». Le jour du départ, ils s'habillent en tenue de vacances et attendent un paysan pour transporter leur mobilier. Le départ dépend de la vente des abricots du paysan, qui arrive finalement après midi.

14

La famille charge une charrette bleue avec leurs meubles sous la supervision d'un paysan et se dirige vers leur destination de vacances. Après avoir chargé la charrette, ils prennent un tramway et marchent le long d'une route poudreuse, entourée de nature et de murs de grandes propriétés, ce qui allonge leur trajet. Ils évoquent des visions d'une société future sans murs ni barrières, où les chemins seraient plus directs. Enfin, ils atteignent un carrefour, signalant leur proximité avec le lieu de vacances, remarquant des rails de tramway non installés, symbolisant un futur proche d'améliorations.

15

Toujours en route pour leur maison de vacances, la famille s'arrête pour un pique-nique au bord de la route, partageant un repas simple et convivial. Leur trajet se poursuit avec l'arrivée du chariot de déménagement, sur lequel Marcel et son frère Paul vivent des moments d'excitation et de jeu. Arrivés au village de La Treille, ils rencontrent des défis logistiques et des interactions locales, ajoutant à l'aventure de s'installer dans leur nouveau lieu de vacances.

16

La famille arrive à leur destination de vacances, traversant un paysage captivant avec des pinèdes et des vallons, sous le chant des cigales. Le paysan qui leur sert de guide pointe les sommets environnants, dont le Tête-Rouge, le Taoumé, et le Garlaban, évoquant un sentiment d'appartenance à cette terre. Le trajet se poursuit avec des échanges entre Marcel, Paul, et le paysan sur la faune et la flore locales, révélant la richesse de la nature provençale.

17

L'arrivée de la famille à la Bastide-Neuve est marquée par l'oncle Jules qui décharge des meubles avec l'aide d'un déménageur ivre. Un désaccord survient lorsque le déménageur ne parvient pas à franchir une porte avec une table de nuit, menant à un échange tendu entre lui et l'oncle Jules. La situation est calmée par François, le paysan, qui convainc le déménageur de partir, évitant une escalade du conflit. Le déménageur s'en va finalement après avoir été payé et sans causer d'autres problèmes.

18

Le narrateur vit ses jours les plus heureux à la Bastide-Neuve, une maison avec eau courante, entourée d'un vieux verger. Les journées sont remplies de jeux et d'explorations dans le jardin et les alentours, malgré l'interdiction de sortir. Fasciné par les insectes, il mène avec son frère des « études » sur les mœurs des fourmis et des mantes religieuses, mélangeant curiosité et cruauté enfantine.

19

Marcel et Paul s'ennuient de leurs études sur les insectes et se passionnent pour des jeux d'imitation d'Indiens inspirés par la lecture de romans d'aventures. Ils se créent des costumes et des armes, se partagent en tribus ennemies et vivent des aventures imaginaires dans leur jardin. Leurs jeux s'intègrent même aux interactions familiales, notamment lors des repas. Parallèlement, le narrateur développe une passion pour les mots, stimulée par les discussions adultes et encouragée par son père et son oncle.

20

Durant un orage, la famille est forcée de rester à l'intérieur. Le père lit une homélie de Lamennais sur le partage d'une grappe de raisin au sein d'une famille, symbolisant l'amour et le partage. L'oncle Jules suggère à Marcel d'apprendre l'histoire par cœur, mais ce dernier répond avec humour que la grappe n'a pas été mangée parce qu'elle était probablement sulfatée, provoquant l'indignation de l'oncle qui critique son éducation sans Dieu. Plus tard, en guise de revanche lors d'un dîner, l'oncle mange devant le narrateur le foie de lapin, un morceau que Marcel convoitait, sous prétexte que ce dernier pourrait le croire empoisonné, faisant allusion à leur discussion précédente.

21

Le narrateur découvre que l'oncle Jules prépare quelque chose de mystérieux en cuisine, qui se révèle être des bourres grasses pour fabriquer des cartouches. Cela annonce une grande aventure de chasse prévue par son père et l'oncle Jules. Marcel et Paul passent l'après-midi à jouer aux Indiens, culminant avec une représentation dramatique de mort guerrière par le narrateur, qui impressionne Paul. Plus tard, ils découvrent que leur père a préparé tout le nécessaire pour la chasse, y compris les cartouches colorées et un mystérieux fusil, promettant une future activité excitante.

22

Lors du dîner, l'oncle Jules et le père discutent de leur future chasse, évoquant divers gibiers comme des lapins, perdrix, et la bartavelle, une perdrix royale très recherchée. Une histoire est racontée sur un chasseur tué par un sanglier, soulignant le danger de ces animaux. Ils prévoient d'utiliser des cartouches spéciales pour la chasse et partagent des astuces humoristiques pour attirer le gibier.

23

Après le dîner, la conversation tourne toujours autour de la préparation pour la chasse, avec l'examen des fusils et la fabrication de cartouches. L'oncle Jules montre son fusil moderne, tandis que le père sort un fusil ancien, héritage familial. Les discussions techniques sur la chasse et les armes suscitent l'admiration mais aussi l'inquiétude concernant les dangers. Le récit se conclut sur les préparatifs minutieux et la résolution d'aller chasser malgré les risques et les doutes exprimés par la famille.

24

La journée est consacrée à préparer les fusils pour la chasse, avec l'oncle Jules partageant ses expériences de chasse. Ils nettoient et assemblent les fusils, puis testent leur précision en tirant sur des cibles improvisées, et notamment sur la porte des cabinets situés dans le jardin. L'oncle Jules montre son expertise, tandis que le père, moins expérimenté, apprend rapidement. Le bruit des tirs est tellement fort qu'il inquiète même la bonne, qui attendait derrière la porte des cabinets la fin des tests !

25

À l'approche de l'ouverture de la chasse, l'oncle Jules enseigne et répète des techniques de chasse avec son neveu, suscitant anticipation et inquiétude chez Marcel quant aux compétences de son père en matière de chasse.

26

La veille de l'ouverture de la chasse, l'excitation est à son comble. Le père et l'oncle Jules finalisent leurs préparatifs, essayant leurs tenues et vérifiant leurs équipements. Malgré des doutes concernant sa participation en raison de son jeune âge, Marcel insiste et réussit à convaincre son père de l'emmener pour porter le déjeuner. La journée est également marquée par un malentendu sur la date de l'ouverture, qui s'avère être après-demain, et non le lendemain.

27

Paul révèle à Marcel, dans l'obscurité de leur chambre, qu'il sait que l'ouverture de la chasse est prévue pour le lendemain, et non pour lundi comme on le lui avait fait croire. Marcel, se sentant trahi mais déterminé, décide de suivre son père et son oncle à la chasse malgré leur volonté. Après une courte nuit et un lever à quatre heures du matin, le narrateur laisse un message à sa mère pour l'informer de son départ.

28

Le narrateur, déterminé à suivre son père et son oncle à la chasse, se lance dans une aventure solitaire, utilisant ses compétences d'observation et de discrétion pour les traquer sans être vu. Il assiste à distance à leurs tentatives de chasse, admirant l'adresse de son oncle, tandis que son père se ridiculise. Malgré un moment d'inquiétude lorsqu'il perd leur trace, Marcel décide de continuer à les suivre.

29

Perdu dans le vaste paysage du Taoumé, Marcel expérimente l'isolement et l'aventure. Confronté à des sons effrayants émanant d'oiseaux colorés, il surmonte sa peur et continue d'explorer le terrain accidenté. Désorienté par les ravins et la végétation dense, il trouve refuge sous un arbre, où il se repose un temps avant de repartir.

30

Perdu dans les collines, le narrateur est menacé par un grand oiseau qu'il croit être un vautour. Il trouve refuge dans une crevasse après avoir échappé à l'oiseau, qui s'avère chasser des perdrix et non lui. Épuisé, il monte finalement sur un plateau par une cheminée étroite, se retrouvant isolé dans un vaste paysage inconnu, soulignant la gravité de sa situation.

31

Le narrateur continue sa marche. Dans le vallon, il entend l'oncle Jules critiquer son père pour avoir prématurément tiré sur des perdrix royales, croyant les avoir manquées. Caché, Marcel découvre deux bartavelles ensanglantées, frappées par les tirs de son père. Il les récupère et, surmontant sa timidité, se révèle triomphalement aux chasseurs, brandissant les oiseaux comme preuve du succès de son père.

32

Marcel surprend son père et l'oncle Jules en apparaissant ainsi avec les deux perdrix royales tuées par son père. Sa présence inattendue et ses contributions à la chasse sont célébrées, malgré les dangers et les défis qu'il a dû affronter seul.. La journée se clôture par une joyeuse réunion familiale où les exploits de chasse sont partagés, renforçant les liens familiaux et la fierté mutuelle.

33

Marcel et son père, portant les bartavelles, vont au village faire des courses où leur exploit de chasse est admiré par les habitants, y compris par le curé qui les photographie.

34

L'oncle Jules reçoit du curé les trois photos de Marcel et son père avec les bartavelles. La famille admire les clichés, louant la prestance de Joseph. L'oncle veut en exposer une chez lui. Joseph, analysant la photo sous un angle technique, prévoit d'en envoyer une à son père, pour montrer comme Marcel a grandi.

# LES RAISONS
DU SUCCÈS

Au moment de la publication de *La Gloire de mon père* au milieu du XXᵉ siècle, la société française traverse une époque de transformation importante, marquée par la reconstruction d'après-guerre, l'industrialisation galopante et le développement de la classe ouvrière. C'est dans ce contexte que le roman s'ancre, offrant aux lecteurs un contraste saisissant avec leur quotidien souvent aliénant. Par exemple, l'évocation de scènes bucoliques, dans la Provence dont est originaire Marcel Pagnol, mais aussi la manière dont les personnages interagissent de manière significative avec cet environnement, rappelle aux lecteurs la beauté d'une vie en harmonie avec la nature, en opposition flagrante avec les villes industrielles bruyantes et polluées. Cette nostalgie d'un idéal pastoral, à une époque où beaucoup migrent vers les villes en quête de travail, résonne profondément avec un public en proie au désenchantement.

Le roman se distingue au niveau littéraire par son utilisation innovante de la langue et sa structure narrative. Dans les dialogues, Pagnol intègre le patois régional, ajoutant une couche d'authenticité et de profondeur au récit. Cette attention portée à la langue n'est pas seulement un choix stylistique ; elle agit comme un pont entre les générations, préservant et valorisant le patrimoine culturel à un moment où l'uniformisation menace les dialectes locaux. De plus, l'intercalation d'anecdotes familiales au sein d'un récit plus large sur le passage à la modernité met en lumière les tensions entre tradition et changement, captivant ainsi les lecteurs par sa représentation nuancée des défis personnels et collectifs.

Par ailleurs, les critiques littéraires de l'époque ont particulièrement apprécié les personnages hauts en couleur, notamment le père de l'auteur, instituteur aux idéaux républicains, et l'oncle Jules, personnage truculent et chasseur passionné. Ces figures, à la fois typiques et universelles, ont permis à un large public de s'identifier aux récits de Pagnol et de trouver dans ses pages le reflet d'une humanité vraie et touchante.

Enfin, l'adaptation cinématographique de 1990, réalisée par Yves Robert, a contribué à renforcer la notoriété du roman de Marcel Pagnol. En portant l'œuvre sur grand écran, le film a non seulement attiré un nouveau public mais a aussi ravivé l'intérêt des lecteurs existants, permettant ainsi au roman de toucher une audience plus large et diversifiée. Cette transposition visuelle a permis de matérialiser les paysages et l'ambiance de la Provence chère à l'auteur, offrant une nouvelle dimension à l'histoire et en enrichissant l'expérience globale du spectateur et du lecteur.

# LES THÈMES
PRINCIPAUX

Dans *La Gloire de mon père*, Marcel Pagnol parvient avec une sensibilité et une acuité remarquables à capturer l'essence de l'enfance, période bénie d'émerveillement et de découvertes ininterrompues. À travers le regard pur et émerveillé du jeune Marcel, le monde se révèle dans toute sa splendeur, transformant chaque moment en une aventure, chaque détail en un trésor. L'enfance, telle que Pagnol la dépeint, est un temps où la beauté du monde se dévoile sans voile, où la moindre brise, le chant lointain d'un oiseau, ou le jeu de lumières à travers les feuilles d'un arbre suffisent à éveiller une joie profonde et une curiosité sans bornes. Cette période de la vie est marquée par une soif d'apprendre et de comprendre, poussant Marcel à explorer, questionner et s'émerveiller devant les merveilles de la nature et des interactions humaines.

L'auteur illustre magistralement comment l'enfance est dotée d'une capacité unique à voir le monde non pas pour ce qu'il est, mais pour ce qu'il pourrait être, où l'imagination et la réalité s'entremêlent pour créer une expérience de vie enrichie et vibrante. Cette vision de l'enfance comme un âge d'or de la perception nous invite à réfléchir sur notre propre rapport au monde. Pagnol nous rappelle que les plaisirs les plus simples sont souvent les plus profonds et que la capacité à s'émerveiller est un don précieux qui, bien que plus spontané dans l'enfance, n'est jamais totalement perdu.

La manière dont Marcel vit et perçoit son environnement souligne l'importance de l'enfance dans la formation de notre sensibilité et de notre capacité à éprouver de la gratitude pour les dons quotidiens de la vie. En mettant en lumière cette période où chaque découverte est une première et où le monde est empreint d'une magie sans cesse renouvelée, Pagnol ne fait pas seulement l'éloge de l'enfance ; il nous convie à renouer avec cette part de nous-même capable d'émerveillement et de joie pure.

Par ailleurs, Marcel Pagnol offre une vision poignante et intimiste de la famille, présentée comme le fondement essentiel de l'existence. À travers le prisme de ses souvenirs d'enfance, il met en lumière la famille non seulement comme un refuge d'amour et de sécurité mais également comme un cadre privilégié d'apprentissage et de développement personnel. Les relations familiales, et tout particulièrement le lien entre Marcel et son père, sont dépeintes avec une sensibilité et une profondeur émotionnelle remarquables, révélant l'impact indélébile de ces premiers liens sur la formation de l'individu et sa compréhension du monde.

La famille, dans l'univers de Pagnol, est bien plus qu'un simple contexte social ou un cadre de vie ; elle est le terreau sur lequel se construisent les valeurs, les rêves et les caractères. Le lien entre Marcel et son père est emblématique de cette dynamique. Ce n'est pas seulement une relation de filiation ; c'est une connexion profonde, faite d'admiration mutuelle, de respect et d'un amour inconditionnel. Le père de Marcel, figure d'autorité aimante et de sagesse, incarne les idéaux de droiture, de travail et de passion pour le savoir. Il est à la fois un guide, un mentor et un confident, jouant un rôle déterminant dans l'éveil intellectuel et moral de son fils.

Ce lien père-fils, central dans le roman, est un exemple poignant de la manière dont la famille peut façonner l'individu. Les leçons de vie, les moments partagés, les discussions et même les silences entre Marcel et son père sont autant de briques qui construisent l'édifice de sa personnalité et de sa vision du monde. La famille apparaît ainsi comme un espace d'apprentissage unique, où les valeurs se transmettent, où l'identité se forge dans le creuset des interactions quotidiennes.

Mais la famille est aussi présentée comme un refuge, un havre de paix et d'amour inconditionnel. Dans les moments de doute ou de difficulté, c'est vers la famille que se tourne Marcel, y trouvant soutien et réconfort. Cette dimension de la famille comme pilier de l'existence est universelle, touchant à l'essence même de l'expérience humaine. La sécurité affective qu'offre la famille est le socle sur lequel l'individu peut se développer sereinement, explorer le monde et prendre des risques, sachant qu'un filet de sécurité émotionnel l'attend toujours.

La famille est également un lieu de transmission. Les traditions, les histoires, les savoirs se passent de génération en génération, enrichissant l'individu et le liant à une histoire plus grande que lui. Cette dimension de transmission est essentielle pour comprendre comment la famille agit comme un pilier de l'existence, ancrant l'individu dans une continuité, lui donnant des racines tout en lui offrant des ailes.

Autre thème très important dans le roman : la Provence. Celle-ci transcende sa simple condition de décor pour s'ériger en véritable personnage, vibrant et essentiel, au cœur du récit. Avec une affection palpable et une précision d'orfèvre, Pagnol peint les paysages de son enfance, conférant à la campagne provençale une âme, une voix, et une présence presque tangible. Cette terre baignée de soleil, ses collines parfumées de thym et de romarin, ses vastes étendues d'oliviers et de vignes, ne se contentent pas d'encadrer les péripéties du jeune Marcel ; elles participent activement à son éducation, à son éveil au monde et à sa quête d'identité.

La Provence de Pagnol est loin d'être une simple toile de fond. Elle est actrice de l'histoire, influençant les humeurs, les actions et les réflexions des personnages. Les descriptions minutieuses et poétiques des paysages provençaux, des nuances de lumière au fil des saisons, des bruits distinctifs de la faune et des chants des cigales, tout concourt à donner vie à cette terre qui respire, qui enseigne et qui console. La nature n'est pas muette ; elle dialogue avec le jeune narrateur, lui offre des leçons de vie inestimables, forge son caractère et nourrit son imagination débordante.

Ce rapport intime entre le personnage et son environnement naturel révèle une dimension profonde de l'œuvre : la conviction que l'homme et la nature sont intrinsèquement liés, que le bien-être et l'épanouissement personnel passent par une communion avec le monde naturel. La Provence, dans sa splendeur sauvage et sa rudesse parfois inhospitalière, est une source constante d'émerveillement, de défis et de découvertes. Elle est à la fois un refuge et un espace de liberté, un lieu où l'esprit peut vagabonder sans entraves, où l'âme peut se ressourcer loin du tumulte de la civilisation.

L'interaction entre Marcel et la nature provençale est empreinte d'une réciprocité profonde : tout comme il est façonné par elle, il apprend à la connaître, à la respecter et à la protéger. Cette relation symbiotique souligne la vision écologique avant-gardiste de Pagnol, pour qui la nature n'est pas une ressource à exploiter mais un patrimoine à préserver. La Provence, avec ses mystères, ses beautés et ses leçons, devient ainsi un personnage clé dans le processus de maturation du jeune Marcel, l'aidant à comprendre sa place dans le monde et son lien indélébile avec la terre qui l'a vu grandir.

# ÉTUDE DU MOUVEMENT LITTÉRAIRE

*La Gloire de mon père* de Marcel Pagnol, bien que s'inscrivant dans la tradition du récit autobiographique, transcende ce genre par la richesse de sa narration et l'universalité de ses thèmes. Ce roman, premier tome de la série des *Souvenirs d'enfance*, se distingue par son approche singulière de l'autobiographie, mêlant avec une subtilité remarquable souvenirs personnels, descriptions poétiques de la nature, et réflexions sur l'enfance, la famille et l'apprentissage. Pagnol, en racontant les aventures et les émerveillements de son enfance provençale, ne se contente pas de narrer sa propre histoire ; il élève son récit à une dimension où le particulier résonne avec l'universel, où la nostalgie de l'enfance perdue trouve un écho dans le cœur de chaque lecteur.

Le roman autobiographique, en tant que genre, se caractérise par la narration de la vie de l'auteur, mettant l'accent sur son développement personnel et les événements marquants de son existence. *La Gloire de mon père* s'inscrit pleinement dans cette tradition, mais Pagnol enrichit le genre en intégrant une dimension poétique et philosophique. Les descriptions minutieuses et émouvantes de la campagne provençale, les interactions chaleureuses au sein de la famille Pagnol, et les aventures enfantines sont autant de pierres apportées à l'édifice d'une œuvre qui dépasse le simple récit de vie pour s'ériger en célébration de l'enfance, de la nature et des liens familiaux.

L'originalité de Pagnol réside dans sa capacité à fusionner le réel et l'imaginaire, à infuser son récit d'une qualité littéraire qui va au-delà de la simple chronique. L'enfance y est idéalisée, transformée en un âge d'or de la découverte et de l'innocence, un temps suspendu où chaque jour offre son lot de merveilles. Cette idéalisation ne trahit pas la vérité de l'expérience vécue ; elle l'amplifie, la rendant plus palpable, plus vibrante aux yeux du lecteur. Pagnol ne se contente pas de raconter ; il peint, il sculpte ses souvenirs, leur donnant une forme, une couleur, une texture qui les rendent intemporels.

Enfin, *La Gloire de mon père* se distingue par la profonde humanité qui imprègne le récit. Les personnages, dessinés avec amour et précision, ne sont pas de simples figures dans le paysage de l'enfance de l'auteur ; ils sont les héros d'une épopée quotidienne, des figures archétypales qui incarnent les valeurs, les espoirs et les craintes universelles. Le père de Marcel, à la fois figure d'autorité et compagnon de jeu, symbolise la figure paternelle dans ce qu'elle a de plus noble et inspirant. La relation entre le père et le fils, au cœur du roman, illustre la transmission des savoirs, des valeurs et de l'amour, thèmes éternels de la littérature autobiographique.

# DANS LA MÊME COLLECTION
## (par ordre alphabétique)

- **Anonyme**, *La Farce de Maître Pathelin*
- **Anouilh**, *Antigone*
- **Aragon**, *Aurélien*
- **Aragon**, *Le Paysan de Paris*
- **Austen**, *Raison et Sentiments*
- **Balzac**, *Illusions perdues*
- **Balzac**, *La Femme de trente ans*
- **Balzac**, *Le Colonel Chabert*
- **Balzac**, *Le Lys dans la vallée*
- **Balzac**, *Le Père Goriot*
- **Barbey d'Aurevilly**, *L'Ensorcelée*
- **Barbey d'Aurevilly**, *Les Diaboliques*
- **Bataille**, *Ma mère*
- **Baudelaire**, *Les Fleurs du Mal*
- **Baudelaire**, *Petits poèmes en prose*
- **Beaumarchais**, *Le Barbier de Séville*
- **Beaumarchais**, *Le Mariage de Figaro*
- **Beauvoir**, *Mémoires d'une jeune fille rangée*
- **Beckett**, *Fin de partie*
- **Brecht**, *La Noce*
- **Brecht**, *La Résistible ascension d'Arturo Ui*
- **Brecht**, *Mère Courage et ses enfants*
- **Breton**, *Nadja*
- **Brontë**, *Jane Eyre*
- **Camus**, *L'Étranger*
- **Camus**, *Le Mythe de Sisyphe*
- **Carroll**, *Alice au pays des merveilles*
- **Céline**, *Mort à crédit*

- **Céline**, *Voyage au bout de la nuit*
- **Chateaubriand**, *Atala*
- **Chateaubriand**, *René*
- **Chrétien de Troyes**, *Perceval*
- **Cocteau**, *Les Enfants terribles*
- **Colette**, *Le Blé en herbe*
- **Corneille**, *Le Cid*
- **Crébillon fils**, *Les Égarements du cœur et de l'esprit*
- **Defoe**, *Robinson Crusoé*
- **Dickens**, *Oliver Twist*
- **Du Bellay**, *Les Regrets*
- **Dumas**, *Henri III et sa cour*
- **Duras**, *L'Amant*
- **Duras**, *La Pluie d'été*
- **Duras**, *Un barrage contre le Pacifique*
- **Flaubert**, *Bouvard et Pécuchet*
- **Flaubert**, *L'Éducation sentimentale*
- **Flaubert**, *Madame Bovary*
- **Flaubert**, *Salammbô*
- **Gary**, *La Vie devant soi*
- **Giraudoux**, *Électre*
- **Giraudoux**, *La Guerre de Troie n'aura pas lieu*
- **Gogol**, *Le Mariage*
- **Homère**, *L'Odyssée*
- **Hugo**, *Hernani*
- **Hugo**, *Les Misérables*
- **Hugo**, *Notre-Dame de Paris*
- **Huxley**, *Le Meilleur des mondes*
- **Jaccottet**, *À la lumière d'hiver*
- **James**, *Une vie à Londres*
- **Jarry**, *Ubu roi*
- **Kafka**, *La Métamorphose*
- **Kerouac**, *Sur la route*

- **Kessel**, *Le Lion*
- **La Fayette**, *La Princesse de Clèves*
- **Le Clézio**, *Mondo et autres histoires*
- **Levi**, *Si c'est un homme*
- **London**, *Croc-Blanc*
- **London**, *L'Appel de la forêt*
- **Maupassant**, *Boule de suif*
- **Maupassant**, *La Maison Tellier*
- **Maupassant**, *Le Horla*
- **Maupassant**, *Une vie*
- **Molière**, *Amphitryon*
- **Molière**, *Dom Juan*
- **Molière**, *L'Avare*
- **Molière**, *Le Malade imaginaire*
- **Molière**, *Le Tartuffe*
- **Molière**, *Les Fourberies de Scapin*
- **Musset**, *Les Caprices de Marianne*
- **Musset**, *Lorenzaccio*
- **Musset**, *On ne badine pas avec l'amour*
- **Perec**, *La Disparition*
- **Perec**, *Les Choses*
- **Perrault**, *Contes*
- **Prévert**, *Paroles*
- **Prévost**, *Manon Lescaut*
- **Proust**, *À l'ombre des jeunes filles en fleurs*
- **Proust**, *Albertine disparue*
- **Proust**, *Du côté de chez Swann*
- **Proust**, *Le Côté de Guermantes*
- **Proust**, *Le Temps retrouvé*
- **Proust**, *Sodome et Gomorrhe*
- **Proust**, *Un amour de Swann*
- **Queneau**, *Exercices de style*
- **Quignard**, *Tous les matins du monde*

- **Rabelais**, *Gargantua*
- **Rabelais**, *Pantagruel*
- **Racine**, *Andromaque*
- **Racine**, *Bérénice*
- **Racine**, *Britannicus*
- **Racine**, *Phèdre*
- **Renard**, *Poil de carotte*
- **Rimbaud**, *Une saison en enfer*
- **Sagan**, *Bonjour tristesse*
- **Saint-Exupéry**, *Le Petit Prince*
- **Sarraute**, *Enfance*
- **Sarraute**, *Tropismes*
- **Sartre**, *Huis clos*
- **Sartre**, *La Nausée*
- **Senghor**, *La Belle histoire de Leuk-le-lièvre*
- **Shakespeare**, *Roméo et Juliette*
- **Steinbeck**, *Les Raisins de la colère*
- **Stendhal**, *La Chartreuse de Parme*
- **Stendhal**, *Le Rouge et le Noir*
- **Verlaine**, *Romances sans paroles*
- **Verne**, *Une ville flottante*
- **Verne**, *Voyage au centre de la Terre*
- **Vian**, *J'irai cracher sur vos tombes*
- **Vian**, *L'Arrache-cœur*
- **Vian**, *L'Écume des jours*
- **Voltaire**, *Candide*
- **Voltaire**, *Micromégas*
- **Zola**, *Au Bonheur des Dames*
- **Zola**, *Germinal*
- **Zola**, *L'Argent*
- **Zola**, *L'Assommoir*
- **Zola**, *La Bête humaine*
- **Zola**, *Nana*